草原からの手紙

寺井曉子

He who goes gently, goes safely;
He who goes safely, goes far.

旅の言葉

元気ですか？ こちらはケニアにつきました。

ナイロビ空港の到着ゲートを出ることができたのは、予定より3時間も遅れてのことでした。成田からアブダビへ飛んで、アブダビからナイロビ行きへと乗り換えた際、飛行機が乗り遅れた乗客を1時間も待ったのです。ようやく彼女たちが搭乗したかと思ったら今度は離陸レーンが埋まってしまったとのことで、そこからまた1時間待ち。ナイロビで入国審査に手間取ってしまいさらに1時間。最初からうんざりするような話ですね。

それほど遅れたのにも関わらず、空港を出たら待っていてくれた人がいました。その人はわたしがこれから訪ねに行く人の仲間で、わたしの名前を書いた紙を逆さに持ちながら、何もない空港の外でずっと待っていてくれたのです。
「本当にごめんなさい」と謝ると、「大丈夫だよ」と優しい言葉が返ってきます。

「旅に出ると一日くらいはついてない日があるものだよ。今日がその日だったと思えばいいじゃないか」

彼の言葉にはっとしました。

旅と旅との間、疲れた体をできるだけ休めてここまで来たものの、この体調では疫病にかかって死ぬのではないかとわたしはどこかで怯えていました。日々現地から入ってくる爆破予告のニュースも心配でした。
今日が厄落としだったとすれば、座りっぱなしでお尻が痛いことくらいなんでもないことのように思えてきます。むしろ、全身を黒い服で包み、片手に赤ちゃんを抱え、もう一方の手で小さな女の子の手を引いてタラップを登ってきたムスリムのお母さんが無事に飛行機に乗れて本当によかった。
こちらの人はなかなか素敵な哲学を持っています。

ナイロビの空には分厚い雲がかかっています。今年の2月に来たときよりも少し涼しくなったような気がします。

いったいどんな日々が待ち受けているのかは見当がつかないのですが、旅の言葉を持つ人に出会えて、わたしの心の雲空には光が射したのでした。

たいしたこと

車道を牛の群れが横切っていきました。

「マサイの土地に入ったよ」
となりの席の運転手さんが教えてくれました。

今日は、昨日わたしを空港で拾ってくれた人とは別の人が車を運転しています。わたしがこれから会いに行く人にはたくさんの仲間がいるようです。

都会の気配はすでに消えています。ナイロビの渋滞を抜けて1時間。道は相変わらずきれいに整備されていますが、家や建物は車で走っていても数十秒おきに見かける程度です。車道の両側に大きくひらけた空間を、マサイの赤い布を体に巻いた人がぽつりぽつりと歩いています。新しそうな家や大きな倉庫のとなりには、時折「売ります」と書かれたサインが立っていました。
「マサイの人々は最近不動産ビジネスに入ってきているのさ」

今日の空はからりと晴れています。強い日差しがフロントガラスから入ってきて体を火照らせます。後部座席には一人、ケニア人の若者が座り、彼のまわりを埋め尽くすようにたくさんのテント

が積まれています。こちらの人たちにとってはバックミラーが荷物しか映さないことなど、たいした問題ではないようです。

さらに1時間ほど走ると車は急に村に入りました。砂色のガソリンスタンドで一人の女性が待っていました。わたしたちが到着すると、彼女は携帯電話で誰かに連絡を取り、まもなく人が集まってきました。女性が数人と、10人ほどの若い男性たち、耳たぶに大きな穴の空いた貫禄あるおじさん数人が合流し、わたしたちは車から2台のワゴンに乗り換えました。

今度はワゴンに揺られること2時間。国立公園の入口らしきところで、迷彩服に身を包み、肩から銃をかけた4人の男性が乗りこんできました。また車は走ります。車道の両端に乾いた土地が続き、昨日から続いているお尻の痛みがいよいよ辛くなってきた頃、ワゴンは小さな、しかし先ほどよりも賑やかな町の中に入っていきました。

小さなローカルの宿泊施設で荷物とわたしたちは降ろされました。リーダーらしき男性と女性が宿泊のアレンジをしている間に、一緒に来た現地の20人近くの人たちとそれぞれ話をしてみたのですが、いったい誰が誰なのかよくわかりませんでした。ほとんど

が若い男性で、女性はわたしを除いて4人だけ。大人数で相部屋にしても宿が溢れてしまったので、わたしともう一人の女性の部屋だけが離れに移され、それぞれにシングルルームがあてがわれました。

宿の目の前にあるこじんまりとした店の看板には、「HIV、妊娠、疫病感染の検査ができます。コピー、ラミネート、インターネットサービスも可能」。いったい何屋なのだろう……。通りには赤いマサイの衣装を身にまとった人々がたくさん歩いています。小さなホテルがたくさんあるのに、外国人は一人も見かけません。

女性たちがご飯を食べに行くと言い、わたしは一緒について行くことになりました。
坂道を登ると、BUCHERY（肉屋）と書かれた看板を掲げた小さな店がありました。入口に大きな肉のかたまりがいくつも下がっています。驚くことに彼女たちはその店の中に入っていきました。暗い廊下を抜けると、質素な裏庭にいくつかのテーブルと椅子が並べられています。席に座り、何を飲むかと聞かれてわたしはますます混乱しました。ここは精肉屋です。

彼女たちはわたしの混乱などおかまいなしに、紅茶やケーキなど

を頼んでいます。入口から入ってくる生肉のむんと甘い匂いに誘われてくるのか、あたりには蠅がたくさん飛んでいます。蓋の開いていない飲み物はコーラとスプライトだけ。スプライトを頼むと、彼女たちは怪訝そうな顔でわたしを見ました。

やがてミルクがたっぷり入った紅茶と揚げたパンのようなもの(これがケーキだそうです)、そして瓶のスプライトが運ばれてきました。彼女たちはそれからも現地の言葉で話していたので、わたしは何が話されているのかも何を話したらよいかもなんだかつかみ損ねてしまいました。

お茶を飲み終えると彼女たちはさっと立ち上がります。「ご飯は食べないの?」と聞くと、まずは注文をして、あとから食べに来る仕組みなのだと言います。

店の外に出るとき、彼女たちは肉のかたまりの前で立ち止まりました。
「あなたはどのメニューにする?」
指差された壁を見ると、ビーフ1kg、1/2kg、1/4kgと書かれた紙のメニュー表が貼り出されています。
「1/2kgでいいかしら。それとも1kg?」

そう聞かれてまたびっくりです。1/4 kgでお願いし、新しく店に入ってくる人たちに通路を譲って外に出ると、彼女たちはまだ肉の前で止まっていました。吊るされた大きな肉の部位を指して、ここが欲しい、ここは嫌だ、同じ部位でもとなりのかたまりのやつがいいと、何度も肉屋とやり取りをしているのです。彼女たちにとってよりよい肉を食べることは、たいした問題のようです。

わたしたちは一旦それぞれの部屋に戻りました。一緒の離れに泊まる女性はわたしに、常に部屋の鍵をかけてカーテンを閉めておくようにと言いました。
ベッドと豆電球と扉の閉まらないシャワールーム。人がまわりにいないというのは少し恐ろしくもあります。すっかり暗くなってしまった窓の外を黒い影が通るたびに、心臓に嫌なさざ波が起こります。

長かった1時間が過ぎ夕食の時間になったので、彼女と連れ立ってまた肉屋に戻りました。わたし以外は1/2 kgの肉を頼んでいたのに、サイコロステーキのように細かく刻まれて出てきた肉はすべて一つの大きなお皿に盛られていました。「ゲストだから」とそこからわたしの分だけが取り皿に分けられ、その量はどう見積もっても1 kg以上ありそうです。慌てて半分以上を戻し、彼

女たちがまた怪訝な顔をするので残りを一生懸命に食べたのですが、さらに半分以上を残してしまいました。

「肉は嫌いなの？」
彼女たちは不思議そうに何度も聞いてきます。
「量が食べられないだけだよ」と答えると、一人が可愛く首をかしげました。

そのやり取りのおかげで会話に突破口が開けた気がしました。彼女たちに聞くと、4人のうち2人がマサイ族で、1人はルオ族、もう1人はキクユ族だそうです。いくつかのスワヒリ語の言葉を教えてもらい、挨拶や彼女たちの名前がひと通り言えるようになった頃には、大皿に盛られた肉のサイコロと私の皿に残っていた肉は、最後のひとかけらまで彼女たちの中に収まっていました。

真っ暗な道を宿に帰り、できるだけ何も考えないようにしながら荷物を詰め替えました。緊張が体を支配していました。明日から彼、彼女らと6日間をともにし、120キロを歩くということがどういうことなのか。いったいどういう世界に来てしまったのか、まだよくわからないのです。

闇に巣食うもの

ともに日々を丁寧に生きていきたい大切な人たちがいるのに、旅に出るのはなぜだろう。今ここにいるのは自分で選んだことですが、その自分が嫌になることがあります。

思えばエジプトでエゼキエルというマサイの長老と出会ったのは、もう1年以上前のことでした。わたしはナイル川の流域国に住む人々が数日間アスワンに集い、水問題について話し合うという取り組みの取材に出かけていました。セーターを着込まないと冷え込む12月のアスワンで、真っ赤な布一枚を体に巻いて颯爽と歩くエゼキエルは、集まった東アフリカの人々の中でも強烈な光を放っていました。彼は優秀な営業マンのように人々に握手を求め、自己紹介をし、早い段階から集まった人々の連絡先を集めていました。

「私たちマサイは、自分たちの森林を守ってきました。それがナイル川の源流であるビクトリア湖の水量を守ることにつながっていました。今年は世界から人を招いて、森を守るために歩くイベントをやろうと思っています。実現した際には是非、取材に来てください」

エゼキエルは小さなノートを差し出してわたしにも連絡先を書くように言いました。そして集会が終わって数日も経たないうちに、彼は自分の村に無事に帰った旨とお礼が書かれたメール、そして立て続けに、イベントの企画書を添付したメールを送ってきました。企画はマサイの人々とともに6日間で120キロの距離を歩くというもの。

"その昔、ヨーロッパの探検家ジョセフ・トムソンもマサイの道を歩きました。とても美しい道です。今回その道をともに歩くことで、マサイのコミュニティに森林を守る意義や、お互いに共存していくことの大切さを分かち合いたいと思います。国際社会が私たちの森を気にかけているということ自体がアピールになります。マサイの村ではどうぞ女性たちが作った美しいネックレスを買ってください。夜は星空の下でキャンプをしましょう"

観光ツアーなのか啓蒙プロジェクトなのか。よくわからないその企画書を読みながら、わたしはいつか彼自身のストーリーを取材して記事にできないかと密かに夢を見始めました。

企画が実現しそうだと知ったのは4ヶ月前のことでした。別の取材でナイロビに来たわたしにエゼキエルが電話をかけてく

れました。彼の想いが届き、6月にはオランダから30人ほど客人たちがやって来て、一緒にマサイの土地を歩いてくれることになったというのです。

以来わたしは、日本に帰っても心のどこかで落ちつかない日々を過ごしていました。ほんの数日前まで、果たしてこの取材に来るべきかどうかを決められなかったのです。

旅のチャンスに引き寄せられるままに進んでいた1年前からは、わたし自身の状況も変わっていました。初めて自分の本を出し、どこにも属さない物書きとしての活動をおそるおそる始めてみると、気がつけばいくつかの雑誌から小さな仕事をもらえるようになっていました。そこで出会い始めた新しい仲間や、やはり新しく始まった結婚生活の中に自分の居場所が生まれていくのを感じていました。
腰を落ち着けて暮らしたい。でも会いたい人には会えるうちに会っておかなければ。そのどちらが自分の本心でどちらが焦りなのかがわからなくなっています。今この瞬間も体はもうケニアにいるというのに、心をどこかに置いてきてしまったような気がするのです。

暗闇の中で腕時計の針が音を刻み続けています。そっと携帯電話の灯りで照らすと、いつのまにか朝の3時になっていました。そろそろ集合時間です。出かけてきます。

麒 麟

朝の6時。ワゴンはアンボセリ国立公園のゲート前で停まりました。ドアを開けると目の前にはキリマンジャロが、色づき始めた景色の中に悠々と浮かび上がっていました。

「ほら、キリンが見える？」

昨日から何時間も一緒にワゴンに乗っているので、現地の人たちとの距離はだいぶ縮まってきています。アキコという名前にはスワヒリ語で「Be sure（確かである）」という意味があるらしく、最初は兵隊さんかと思ったお巡りさんが「Are you sure？Be sure！（迷いはないな？ 確かだな！）」と何度もうれしそうに話しかけてきます。ここにいることに確信を持てないわたしに、その言葉は刺さります。

遠くで、木のように細長い影が静かに動いていました。目を凝らすと、重そうな首をどうやって支えているのか、麒麟がキリマンジャロの前をゆっくりと横切っていきます。その光景に引き込まれるように近づいていくと、一緒について来てくれたお巡りさんが、だいたい麒麟は3頭から4頭でかたまって歩くのだと教えてくれました。父と母らしき姿と、その2頭の間に少し小さなこど

もの姿。3頭のシルエットが、朝焼けに照らされています。

わたしはあなたに背中を押されて旅に出て、あなたが大好きな麒麟に先に出会ってしまったことに苦しくなりました。肌寒い透明な空気の中、望遠レンズもないのに何度もシャッターを切っていました。

赤い布と冒険者の子孫

歩く日々が始まりました。

一緒に歩くのはマサイ族の男性たちが15人、オランダ人30人、イギリス人1人、わたし、そして昨日から一緒の迷彩服を着たお巡りさんが4人。
わたしたちが歩く道は地元のマサイによれば安全な道らしいのですが、最近ケニアにおけるテロへの警戒が高まっていることもあり、万が一のことがあってはいけないと地元の政府が護衛をつけてくれたのです。

「国際社会から危ないと言われている中、私たちの国を信じてここに来てくれたことに感謝します」
出発にあたって、地元カジアド地区の観光局長がアンボセリ国立公園のゲート前まで挨拶に出向いてくれたのですが、彼女の挨拶からは彼らの置かれた厳しい状況が垣間見えました。
隣国ソマリアで武装組織がテロの声明を出している中、フランスなどはすでに避難勧告を出して自国の滞在者をケニアの沿岸部から専用機で引き上げさせたようです。ケニアという国名はテロの色を帯び、ソマリアから遠い内陸のこの地でも観光業は大きな打撃を受けているとのことでした。

ぐるりと輪になると、わたしたちはなるほど大きな一団でした。昨日車の中で知り合った若者たちと年配の男性たちは全員が真っ赤なマサイの服に着替えていました。一緒に夕食を取った女性たちも今日はマサイの伝統衣装である赤い布と首飾りを纏っています。4人のうち2人はマサイ族ではないのですが、それを知っている外国人は今のところわたしだけのようです。

ヨーロッパ人のグループは、朝焼けがその色を失い、あたりが眩しくなった頃に数台のワゴンに乗って現れました。アンボセリ国立公園の中にあるロッジで1泊した彼らは、お揃いのTシャツを着て、お互いと親しそうに会話を弾ませています。

局長が旅の無事を祈って大きな旗を振りました。それを合図に人々が歩き始めます。一緒に肉を食べた女性たちは再びワゴンに乗り、料理担当としてお昼の休憩ポイントに先回りするそうです。

しばらくしてそれぞれのペースが定まってくると、集団は途切れ途切れに続く細長い行列になりました。
マサイの男性はもともと歩くのが速く、ヨーロッパの人々は足が長いので、わたしは最後尾を歩いています。悪くないです。なによりも最後尾を守るエゼキエルからゆっくりと話を聞くことがで

きます。なんといってもわたしは彼に会いに来たのですから。

「ねえエゼキエル。マウの森は随分と遠いよね。120キロよりも距離がある気がする」

事前に見てきた地図によると、マウの森はナイロビの北西にあり、アンボセリ国立公園はナイロビの南東のはず。わたしたちはナイロビから昨日ずっと南東に向かって車を走らせていて、森からはだいぶ離れてしまっていました。

「そうだな。私たちはアンボセリ国立公園を背にして、マサイマラの方向に西に向かって歩くから、今年はマウの森にはたどりつけないな」
「わたしは、森林を守るあなたの活動について書きたくて来たのに……」
「一緒に歩いてくれるオランダ人たちのNGOのテーマが『平和構築』だったから、今年のテーマはマサイの村々の平和的な共存にしぼったんだよ。最初からやりたいことの全部なんてできないだろ。何かを成し得たかったら、小さくてもまずは始める必要があるからね。毎年やっていれば、そうだな、3年から5年後にはマウの森に着くよ。それまでこの取材は続けるのでしょう？」

わたしは視線を外しました。この言葉巧みな営業マンに乗せられるわけにはいきません。年も語り口も彼の方が上です。
実際にエゼキエルはこの道の先の村に住む「年寄り」の一人でした。まだ49歳ですが、村で年配のリーダー格は必然的に「年寄り」と呼ばれるのだそうです。

「長老は別にいるけれどね。僕は村を離れていた時期も長いからただの年寄りだ」

エゼキエルは小さかった頃、自分の村で家畜を飼いながら暮らし、成人したらライオンをしとめるような伝統的なマサイの男になりたかったのだと言います。しかし、ケニアの教育政策によって村から20キロも離れた小学校に無理矢理通わされることになったところから、彼の人生は思い描いたものとは違ったものになっていきました。

「だれも自分のこどもを学校に取られたくなかった。学校に行くことになったのは将来を期待されていないこどもたちだった。自分が学校に行かされることになったときには随分と悲しかった」

自分が学校に行かなければ家族が罰せられると脅されて、エゼキ

エルは家から遠く離れた小学校に通うことになったそうです。
「毎日、こんな道を裸足で歩いていたよ」

道の両側は広くひらけています。ときどき風が吹いて土をさらい、小さな竜巻のようなものが道の先に見えます。どこかに誘うような様のそれをじっと見ていると、その先に走るヤクが見えたりします。

エゼキエルは学校で良い成績をおさめ続け、次第に勉強が好きになったと言います。しかし高校に進学し、大学にも入学できると言われていた彼は、そこで大学ではなく農業の専門学校に通うことを選ぶのです。
「畜産を学べば村に帰ってからも役に立つと思った。私にとっては自分の村で暮らすことがなによりも大事だったんだ」

村に戻った彼は、村に入ってきた国際NGOに雇われながら自分の家畜を育て続けました。国際NGOが活動場所を変えて彼を他の村に連れて行こうとすると、彼は仕事を辞めて村に残ることを選び、こどもたちの教育機会を広げるためのNGOを自分で立ち上げたのです。

「自分の土地で毎日眠りたいからね」

エゼキエルは、基本的には日帰りでしか出かけないと言います。ナイロビに行く場合は朝の5時に自分の村を出て1時間ほど歩いたところでバイクタクシーでカジアドの町へ、そして3時間のワゴンに乗り換えて、ようやくナイロビに着くそうです。帰りはその逆をすることになるわけですが、よほどの事情がないかぎりほとんどナイロビに泊まることはないと言います。わたしはナイロビからここまでの長い距離のことを思いながら、彼のその強い気持ちはどこからくるのだろうと考えていました。

エゼキエルは歩みの遅いわたしに合わせてのんびりと歩いてくれています。わたしの質問に熱心に耳を傾けて、じっくり考えて、話を続けます。
「マサイを取り巻く環境は変わっている。だからこそマサイのこどもたちが教育を受けることはとても大事なことなんだ。教育を受けた上でこの文化にプライドを持ってほしい。この文化を守ることが経済的な豊かさにもちゃんとつながることを知ってほしいと思っているよ」

そのために外国人と地元の人たちを直接つなげたいという思惑も

あるようです。彼はツアー会社が「マサイの文化」を売り物にしながら、現地にはほとんど利益を配分せずに儲けている状態を変えたいと思っているようでした。

「マサイの文化はお金になるのに自分たちで気づいていないのがもったいない」
商売人のように熱弁する彼に、「でも外部の文化と密に関わることであなたが守りたい文化は変わってしまうのではないの？」と聞いてみました。外からの観光客を迎え入れるということは、わたしたちが持ち込む「近代的」なもの、たとえばカメラや携帯電話、海外に行く選択肢などと触れることでもあります。

「年に1回や2回、外から人が来るくらいでは変わらないから大丈夫だよ。それに暮らしのスタイルを守ることのほうが経済的に得になるとわかったら、人はそちらを選ぶからね」

話を聞いているとエゼキエルには「したたかだな」と思うところが多々あります。
たとえば彼が運営しているNGOは、女性が親の決めた相手と結婚しなければならない、いわゆる「強制結婚」に反対のスタンスを取っています。しかしエゼキエル自身にかぎっていえば、女性

が幼くして教育の機会を奪われて結婚させられるのは断固反対、ただ親の決めた相手と結婚することについてはまんざらでもないのだと言います。

「私自身、村に帰ってきたとき、学生の頃に付き合っていた恋人と別れて父親が決めた相手と結婚しなければならなかった。当時は悲しかったけど、あとから考えると父親の決めたことは正しかったと思う。年長者だからわかることというのはあるんだよ」

ではなぜ強制結婚反対のスタンスを取り、自分たちのホームページにもわざわざ明記しているのかと聞くと、その方が国際社会とは話がしやすいからだというのです。

エゼキエルに「日本に強制結婚はないのか」と聞かれ、両親がアレンジするお見合い結婚ならばあると伝えると、「アレンジ！その表現はいい！是非使わせてもらおう」と張り切っています。日本のお見合いは本人たちに嫌だという権利があると抗議しても、そこはたいして重要ではないようです。

「そもそも伝統的な習慣に『強制』なんてネガティブな言葉をつけられる筋合いはないんだよ。西欧の価値観でみたらそうなるの

だろうけれど、正直放っておいてほしいと思うときもある。ただすべてが伝統的なままでいられるわけでもないし、守るに値しないこともある。変わるところは変わる、守るところは守る。生き残るというのはそういうことだからね」

彼の本音が聞けた気がしました。

昼過ぎになると道の向こう側からは学校を終えたこどもたちが歩いてきます。彼らはわたしたちに近づくと頭を差し出します。その額にエゼキエルは手を触れて、わたしにも同じようにするように言いました。伝統的な挨拶なのだそうです。彼は優しい顔でこどもたちに話しかけています。こどもたちは偉い大人に会うときの緊張した表情をしています。次々とやってくるこどもたちとエゼキエルの様子を見ていると、言葉では拾えない彼のこの土地に対する想いがまっすぐに伝わってくる気がしました。

昼食に立ち止まったとき、現地の若者たちと外国人たちの間にはまだ距離がありました。マサイの若者たちは少し遠くにかたまって食事を取っていて、わたしの周囲はオランダ語に溢れていました。昨日食事をした女性たちは忙しそうに料理番をしています。

所在のないわたしは、もう一人所在なげにしている男性に声をかけました。イギリス人の彼はヨーロッパの人たちの輪の中に入りながらも、オランダ語で話が盛り上がると静かに皿の上に目を落としていました。

「あなたはジョセフ・トムソンの子孫なのですよね？」

「ジョセフ・トムソン」という名前はエゼキエルが最初に送ってきた企画書に書いてありました。19世紀後半にマサイの土地を旅したスコットランド人の探検家だそうです。エゼキエルは今回わたしの顔を見るや、うれしそうにその子孫が参加するということを教えてくれたのでした。

「ああ、僕の名はジョン・ヘイスティング・トムソン。ジョセフ・トムソンは僕の曽祖父にあたるよ」
色落ちのすすんだ青いザックに白髪の髪。グレーのシャツを着た

長身の彼は窮屈そうに背中を縮めていました。わたしはその探検家と、そしてジョン自身についても詳しく知りたかったのですが、何を聞いても少し神経質そうな答えが返ってきます。

夕焼けが近づく頃、メンバーの半分ほどは日没までに泊まる場所にたどり着くのが難しそうな状態だったようです。夕日が落ち始めた頃、一日の始まりに料理係の女性たちを運んでいったワゴンが戻ってきてわたしたちを運んでくれました。窓の外には、日が暮れて美しい藍色の世界が広がっていきます。

宿泊させてもらう学校の校庭でテントを張っていると、今日の距離を歩ききったメンバーたちが颯爽と入ってきました。先頭はジョンでした。

「今回、あなたは全部の距離を歩くつもりですか？」
「ああ。どこかでジョセフ・トムソンが見ているかもしれないからね」
彼の口調は少し柔らかくなっていたような気がしました。今日の距離を歩ききれたことにほっとしたのかもしれません。考えてみれば、いったいどのような道なのかもわからずに歩き始めたのはつい今朝のことでした。まだ初日が終わったばかりなのです。

手と手、と髪

目を開けるとこどもたちがわたしの顔を覗き込んでいました。

「外国人を見るのが初めてみたいよ」
一緒に休んでいたオランダ人の女性が言いました。

彼女のまわりを取り囲んだこどもたちは、彼女の差し出した腕に恐る恐る手を近づけて、少し触れると、きゃあとかわいい声を出してすぐに引っ込めてしまいます。

「あなたの髪を不思議そうに見ているわ」

わたしは起き上がって彼らに背を向けました。いいよという風に頷くと、いくつもの手が頭を撫でてきます。わあ！と声をあげながら、彼らは繰り返しわたしの髪をとかしてくれました。

今夜は彼らの学校の校庭にテントを張らせてもらいます。着いたのはもう日が落ちる直前でほとんどの生徒が帰宅していましたが、親が牛と旅に出て不在にしているこどもたちは学校に寄宿しています。彼らと触れ合った時間は、疲れをもやさしくとかしてくれた気がします。

踊ること

まだ心をどこかに置いたままで歩いています。

はるばるケニアに来たものの、エゼキエルはマウの森は見られないだろうと言います。あてが外れしまったことへの悔しさは心の中でまだ少しくすぶっていました。でも、きっとそういうことではないのです。

今日もからりと晴れています。日差しは強く、葉を落とした木々の枝が影になって現れる編み目の粗い木陰が、わたしたちの休める貴重な場所です。

となりで休んでいたオランダ人たちの中に「私はダンサーです」という人がいました。彼は小さい頃から「自分は踊るために生まれてきた」と思っていたと言います。若い頃はプロのダンサーとして、そしてプロを引退してからはダンス教室を開いていました。

年を取ってからは、企業が変化を必要としているときにその経営者や従業員向けに踊りのワークショップをしているそうです。「体を柔軟に大胆に動かせる人は、心も頭もそれについてくる。結果、まわりと良い関係を築きやすい」

20年間ダンス教室を続ける中で、彼はそれに気づいたと言います。

最近ではカナダの原住民の踊りを復活させる手伝いをしたり、アジアからも声がかかることがあるそうです。
「たとえばインド人は変化にすばやく対応できると思いませんか？それは彼らにとって踊ることが生活の中に組み込まれているからなのです」

そんな風に世界を見たことはありませんでした。

木陰で話を聞きながら、踊れるようになりたいと思いました。両手を広げて、自分自身を縛ってしまっている意識をしなやかに振りほどいて、軽やかに人や可能性の中に入っていきたい。
心のままに。

新しい物語の始まりとなるかもしれない言葉や仕草を、恐れることなく発せるようになりたいと思ったのです。
柔らかく、滑らかに。

砂漠の花

ここに来る途中、道の両端に白い朝顔のような花が咲き乱れているのを何度か目にしました。

うす茶色い土と枯れた草木の続く景色の中に純白が映えて、ときどきはっとするような眩しい光を反射してきます。わたしはこの花がひと目で好きになってしまったのですが、だれに聞いてもこの花の名前を知らないのです。ここに来るために車を運転してくれた人も、そしてここに住むマサイも。

この花は土に含まれたわずかな水分を吸い取ってしまうといいます。そして一旦この花が生えてしまった場所には彼らの家畜が食べる草がもう生えないのだそうです。

「この花あんまり好きじゃないんだよ」
彼らは口をそろえます。

ここでは淡い色彩も山肌も一緒くたに見えてしまい、心が踊るようなことはなかなかないので、この花が彼らが名前もつけないほど嫌いな花だと知ったときは少し悲しい気持ちになりました。

その少しの悲しさは、自分がその花を美しいと思う気持ちを共有できない寂しさ、そして限りある水と食料を求めて常に移動している彼らの暮らしの厳しさをまだ自分は体感できていないという恥ずかしさやもどかしさが混ざり合ったものでした。私はこの土地の客人であってもこの土地を纏う人ではないのだと、その眩しい花をめぐる感覚の違いから思い知らされる気がしたのです。

ところで、貴重な水を吸い上げる花の中でも、名前があるものもあるようです。

わたしたちの歩みを見守ってくれているお巡りさんと2人で歩いていたときのこと、彼が「見てごらん」と言って、刺々しい葉の先のほうからとても小さな赤黒い実をもぎ取りました。彼が指の圧で殻をつぶすと、中からはさらに小さな黒い実が7、8つほど出てきます。

「砂漠のスイーツだよ。水分は少ないけれど美味しいんだ」
そう言って、彼は粒のように小さな実をほいと口の中に放り込みます。その実には名前がありました。

またあるときは、色彩の薄い草木の合間から、まるくて黄色い実がいくつも遠い空を見上げるようにしなっているのを見ました。
「イエローアップルっていうんだ」
マサイの若者が得意げに教えてくれました。人間には食べられないけれど、ヤギの好物なのだそうです。

どちらも白い朝顔ほど目につくわけではないのですが、まわりの草木に比べて鮮やかな色をしています。茂みの中に、あるいは木々の枝の中に隠れていますが、見ようとすれば見えるのです。

この乾いた壮大な土地には、小さな命がほかにも宿っているのでしょう。気づけるように、もっとこの景色に慣れていけたらと思います。

歩くこと

今日も歩いています。

わたしの後ろでは護衛のお巡りさんとオランダ人の女性が歩きながらそれぞれの家族にまつわるとても個人的な話をしています。ザッザッという足音に乗って、打ち明ける時間と静かな思案の時間が交互にやってきます。それぞれ、両親との間に似たような事情と悩みを抱えていることを知った２人は親密な距離で励まし合っていました。

歩いていると、人との距離が近くなるようです。

小さな集落にさしかかると「あんたいったいどこから来たの？」と家から出てきた女性に声をかけられました。

「このへんは干ばつが続いていてね。早く雨が降ってほしいよ」

「うちの娘は来月高校を卒業するんだけどね、あんたの国に留学とかできないかね？」

「ところであんた結婚しているの？そんな風には見えないね」

最後の質問は彼女に限らず出会うほとんどの人に聞かれて、だいたい相手はとても驚いた顔をします。

お互いにたいした話はしなかったのですが、立ち話をしたその女性は満足げに頷いて、「気をつけて頑張るのよ」と送り出してくれました。

歩いていると、車に乗っていたときにはぽつりぽつりと現れていた集落が、歩けば数時間の距離にあることがわかります。
牛の群れを率いて水と草を求めるマサイの人々や、水の入ったプラスチックの容器を下げたロバとすれ違います。

「水は遠くから運んでくるのよ」

その旅路の長さを、乾いた喉と、疲れの溜まった足が少しずつ感じることができるようになりました。

130年前の旅行記

景色は少しずつ変わっています。

今日は緩やかな山道が続きました。道の両側には、針のように尖った枝を付けた背の低い木々が並んでいます。乾いた土地でもたくましく生きている彼らに、何度かうっかり着ていたシャツを引っ掛けてしまいました。

「エゼキエル、ここから次の休憩ポイントまでどれくらい？」
「あと半時間くらいだよ」
「エゼキエルの30分は、僕らにとっての3時間だからな。覚悟しろよ」

どっと笑い声が起こり、エゼキエルが困ったように笑います。最初の2日間、エゼキエルの立てたスケジュール通りに歩くことができた人はほとんどいませんでした。エゼキエルやマサイの人々の歩く速度が速いのでしょう。初日は、ジョンのように、日が落ちてしまっても辺りが真っ暗になる前にその日の到着地点にたどりつける人たちがいました。しかし2日目の距離は32キロ。昼過ぎには全員が間に合わないことが明らかでした。日没が近づくとワゴンが何度もピストンして、その日に泊まる学校まで人々を

運ばなければなりませんでした。

「おかしいなあ。準備するときに何度か行き来しているはずなんだけど」
エゼキエルは首をかしげています。彼は事前にわたしたちが歩いている道沿いにあるマサイの村々を訪ね、それぞれの村の長老たちに主旨を説明し、一緒に歩いてくれる若者を2人ずつ出してほしいと頼んでまわったそうです。今回参加しているマサイの若者たちはエゼキエルの依頼を受けて長老たちが選んだ若者たちなのです。彼らが一緒にいてくれるおかげで、わたしたちは問題なく歩けているのでしょう。

エゼキエルは数年前に手に入れたジョセフ・トムソンの旅行記を熟読し、その文章から彼のたどった道を推測して、今回歩く道を決めたと話していました。小学校の歴史の授業でジョセフ・トムソンを知ったエゼキエルですが、書籍にたどりつくまでには長い時間がかかったと言います。確かにジョセフ・トムソンに関する情報は少ないのです。

ここに来る前、わたしはこの探検家についてインターネットで情報を探していました。その中で一つ気になっていたのは、この探検家が「穏やかに進む者は安全に進む。安全に進む者は遠くまで行く」というモットーを持っていたことでした。ウィキペディアに載っていたその記述には出典がなかったのですが、そのフレーズは強く心に残っていました。
ジョセフ・トムソンが本を出していたこと。彼のモットー。それ以外に情報を見つけられないままケニアに来て、その探検家の子孫が一緒に歩くということを知ったときには心底驚きました。

ジョン・ヘイスティング・トムソンは、相変わらずその年齢を感じさせないほどしっかりとした足取りで歩いています。無口でいることの多い彼はジョセフ・トムソンのことを聞かれると、ぽつぽつと、ただ調子が出てくるとダムが決壊したかのように勢いよく語り始めます。

「ジョセフ・トムソンは他の探検家と違って、強引な方法で旅をしなかったと言われている。マサイランドを横断しようとして地元のマサイたちに断られたときも、いったんは素直にダルエスサラームまで戻って、それから当時マサイを治めていた2人の女性に許可をもらえるようにお願いしたらしい。現地の人を一人も殺

さず、自分の隊の人間もだれも殺されずにマサイの村を探検することができたのは、その謙虚な態度が現地の人たちに受け入れられたからだと思う。彼は宣教や侵略のために探検していなかった。一人の地理学者として純粋に、現地の人々と植物を知ろうとしていたんだ」

彼の話を聞きながら、もしかしてあのウィキペディアの情報を書いたのは彼の家族かもしれないと思いました。ジョンの語り口からは、ジョセフ・トムソンが彼の家族の中で大切に語り継がれてきたことが伝わってきます。そして自身も学校で地理の先生をしていたというジョンは、もしかしたら自分の中にいる探検家に会いに、ここまでやって来たのかもしれないなとも思いました。

相変わらず隊の最後尾を歩いていたわたしは、先に行ったグループが少し視界のひらけた空き地で輪になっているところに追いつきました。先に着いていたマサイの若者たちもオランダ人たちも少しざわついていました。

そこには大きな看板がかけられていました。

"オルケスメットキャンプ場：偉大な探検家、ジョセフ・トムソンに敬意を表して"

ざわざわと看板を囲む人々の脇で、ジョンは地面に降ろした青いザックに手を突っ込んで何かを探していました。やがて布で丁寧にくるまれた箱を取り出して開けると、そこには懐中時計が収められていました。それは彼が遠い先祖であるジョセフから受け継いだもので、裏には探検家の名前が彫られていました。

「この時計は彼がマサイランドへの旅に持っていったものなのか、その旅の功績を讃えて贈られたものなのかは定かではないのですが、彼と冒険をしていたことは確かです」

マサイの若者たちが時計を触らせてほしいと歩み寄ります。お巡りさんたちが一緒に写真を撮ってほしいとジョンに声をかけます。道中、彼が不器用に何度も話そうとする先祖の話になかなかピンときていなかった人々が、看板を前にした今、それぞれの中でふたつの旅をつなげて興奮していました。

存分に写真を撮って一行がまた歩き出したあと、エゼキエルとジョンはしばらくその場に佇んでいました。

「こんな看板があるなんて、聞いていなかったよ」
ジョンが言うのが聞こえました。
「サプライズもいいかと思ってさ」
エゼキエルが答えていました。そしてふたりは、長く静かに抱き合ったのです。

わたしは先ほど手のひらに載せてもらった懐中時計の重みを想いました。一つの冒険と、それが記録された本のことを想いました。その本が130年の時と大陸を超え、額にシワの刻まれた一人のイギリス人と一人のケニア人とを、目の前で静かに抱擁させていることを想いました。

そしてその光景よりも一段深い、生きる意味が流れる層に静かにつながれた気がしたのです。

土の下を人知れず流れている水脈にあたって、自分自身の願いがわき水のように溢れてきました。子孫ができるとしたら、何代か先の彼、彼女にたどってみたいと思ってもらえる旅をしたい。何十年も、何百年も先の誰かに届く本をつくりたい。とめどない想いに打たれながら、わたしもじっと動けず、その場に佇んでしまいました。

白いクマと黒いクマ

看板を見てからのジョンは明るく、そして前より心を開いてくれるようになった気がしました。

次に休憩で立ち止まったとき、彼はザックの中から、今度は白と黒のテディベアのぬいぐるみを取り出してわたしたちに見せてくれました。

「これは私の家族がジョセフ・トムソンの生誕100周年を祝ってつくったものでね。黒いテディベアにはウル（ULU）という名前がついている。ジョセフ・トムソンは旅行記 *Through Masai Land*（マサイの土地を歩く）の他に、イギリス人の男性とウルという名のマサイの女性とのロマンスの話を書いていてね。その小説の名前から取ったんだ」

「それは実際にジョセフ・トムソンの身に起こったことなのかしら？」とわたしが聞くと、ジョンはにやりと笑って答えました。
「さあね。でもおそらくはそうだろう。旅行記とは対照的に全然売れなかったらしいけど」

旅行記はベストセラーになったのに恋愛小説は鳴かず飛ばず。

130年前、20代後半の若者であり、駆け出しの物書きだったジョセフはその現状に落胆しただろうと思うとなんだかおかしくなってしまいました。

「ジョセフ・トムソンの生誕100年を家族で祝ったとき私は12歳だった。以来ずっと、彼の旅した光景を自分の目で見てみたいと思っていた」

ジョンの夢は56年越し。ふたたび歩き始めて黙々と前に進む彼は、きっと心の中のご先祖様、そしてこどもの頃からの自分と忙しく会話をしているのだと思います。

それにしても、エゼキエルは随分と粋なサプライズを用意していたものだと思います。おかしなことに、ジョンはエゼキエルが自分を見つけて連絡してきたと言い、エゼキエルはジョンが自分を探し出してくれたと言うのですが、果たしてどちらが本当なのでしょうね。そのあたりの話もじっくりと聞かなければ。物語を書くには細部の描写が必要ですから。

仲良く並ぶ白と黒のテディベアは、少年の頃から同じ探検家に憧れてきたジョンとエゼキエルのようにも見えるのでした。

交差点

常に変わっていく状況の中で踊りそびれてしまった昼下がり、一人のオランダ人の女性と仲良くなりました。

今日の距離は 10 キロと比較的短かったので、すでにみんなが宿泊する校庭に到着しています。他の人たちがおしゃべりや学校のこどもたちとのサッカーに夢中になっている中、その人は料理を担当しているマサイの女性たちと一緒に座って、その日の夕食の準備をしていました。
山型に盛られた豆の中には干からびてしまったものや小さな石が混ざっています。それを少しずつ手の平に取っては使えないものを選り分けていきます。

わたしも作業に参加させてもらおうとすると「無になれるわよ」と彼女が微笑みました。50 人分の夕食になる豆は、選り分けても選り分けても続きがあって、だんだんと心が静かになっていくのがわかります。

本当は今朝、ナイロビに帰りたかったという話を、わたしは打ち明けていました。
「エゼキエルの物語を書きたいと思ってここにきました。昨日、

ジョンとエゼキエルがハグを交わしているところを見て、書くべき物語が見つかったと思いました。できるだけ早くナイロビに戻って、書かせてくれる場所を見つけなければチャンスを逃してしまうかもしれないのです」

この歩くイベントには何人か、地元カジアド地区やナイロビから取材に来ているメディアがいました。その中でカジアード新聞の編集長が、わたしにチャンスをくれると言ってナイロビの新聞社の人のメールアドレスを教えてくれていました。しかしこの道ではインターネットがほとんどつながりません。ナイロビにできるかぎり早く戻って、その人に会わなければとわたしは焦っていました。

今朝であればナイロビに向かって帰る一行がいました。しかし、わたしが最後までいるであろうと思っているエゼキエルが忙しそうにしていること、そして今日も歩くことに向かってグループの準備が進んでいる中で、わたしも本当は帰りたいのだということをどうしても言い出すことができず、結局、次の宿泊ポイントまで来てしまったのです。
心のままに動けない自分のことが情けなくなっていました。

「文化の違いというのは本当に興味深いわね」と彼女は静かに言いました。
「わたしたち西洋人は自分自身が何を欲しいのかを知ること、そのために行動することを幼い頃から訓練されて育った。自分の得意なことを伸ばして、たとえまわりとぶつかってもその役割を貫くことが価値になると学校でも教えられた。だから自分の思うように行動する癖がついている。逆にその意思の外で起こっていることと関わりを持つのは苦手な人種だと思う。あなたの文化はその逆みたいね」

「ケニアではどうなの？」
わたしは一緒に豆を選り分けていたルオ族、キクユ族、そしてマサイ族の女性たちに聞いてみました。みんなで話がしたかったのです。
「ケニアも自分の属するコミュニティが大事だよ。自分のことでもまわりの人、関係する人全員のコンセンサスを取った上で行動する」とルオの女性が答えます。
「あなたたちの話を聞いていると、わたしたちももっと和を重んじる必要があるのかもね」
オランダ人の彼女が言いました。
「でも、相手に一時の迷惑をかけてでも自分の意思を通すことが、

長期的にはみんなのためになることもあると思う。わたしは西洋のやり方も身につけたい」思わずわたしはそう口にしていました。

調理場は異なる文化のあり方をポジティブに捉え合うことのできる、驚くほどに気持ちいい時間でした。わたしは自分のほしいものを知り、それに向かって動くことをもう一度学んで、今度は身につけたいと思ったのです。

10代をアメリカで過ごし、そこで目のあたりにした「個人主義」を否定しながら20代を日本で過ごしてきたわたしにとって、それは新鮮な感覚でした。西と東、相容れない価値観の間でどちらかを選ばなければと苦しんでいたあの頃とは別の感覚です。少し大人になった今、より落ち着いて自分にとってちょうどいい交差点を見つけることができるような、そんな予感がしました。

この日、わたしは彼女たちとの交流を通じて、一緒に歩いているオランダ人たちに心を開きたいと素直に思えるようになっていました。今までは、大声で騒ぎ、夜になると自分たちの言語で歌いながら火を囲む彼らに対して頑なになっていました。彼らはこの歩くプロジェクトに平和を訴える団体のメンバーとして参加しているのですが、わたしは彼らがマサイの人々に伝えているメッ

セージがあまり好きになれなかったのです。
その日の午後、学校で出迎えてくれたマサイの先生やこどもたちを前にしてオランダ人の代表はこう話していました。

「アフリカには多くの問題がありますが、我々一人ひとりには世界に平和をつくり出す力があります。もちろんあなたたちにもその力があります」

アフリカには問題がある？ ヨーロッパにはないのですか？ そもそもこの国を植民地化したのはヨーロッパではないのですか？
わたしは彼の言葉が真っすぐには聞けませんでした。

夕日が落ちる頃、いつものように彼らが行う一日の振り返りの時間、今日までの感想を聞かせてと言われて、わたしは日本語の歌を歌うことにしました。言葉を紡ぐよりも、歌を歌う方がより自分を開く行為のような気がしたのです。本当は踊り出せたらもっとよかったのでしょうけれど。
言葉は伝わらなくても、心を開こうとしていることが伝わってくれればいい。歌いながらふと眺めると、校庭の端から真っ赤な太陽が直角に、滑らかに、地平線へと落ちていきました。

帰らなくて本当によかったと思ったのはその直後のことでした。一緒に豆を選り分けた彼女が、オランダ人たちの中に立って言ったのでした。

「わたしはここに来る前に体の不調が見つかって、あんまり歩いてはいけないと言われたの。それはとても残念なことだし、数日歩いたあとに体の限界がきてしまったことは本当に悲しかった。でも気持ちを切り替えて、今日は女性たちのお料理を手伝っていました。そうすることで気付けたことがあります。わたしたちが食べている食事は、豆の一粒一粒まで気持ちが込められた温かくて誠実なものなの」

彼女はゆっくりとまわりを見渡して、それからにやりと微笑みました。

「だからみんなにお願いがあります。ただ出されたものを食べるのではなく、そのことを心に留めて味わってみてください。そして提案もあります。彼女たちは早朝から夜中まで料理のことをしてくれているけれど、今日はわたしたちが片付けをして、彼女たちには少し休んでもらいたいと思うのだけど。どうかしら?」

拍手が起きて、そこからの調理場は一気に賑やかになりました。できることはないかと集まった人たちが、それぞれに役割を見つけて料理を手伝い始めたのです。

メニューは豆のスープにサラダ、そしてチャパティーという小麦をこねてパンケーキ状に伸ばしたものを一枚一枚焼くという非常に手の込んだものでした。オランダの男性が生地を伸ばすのに悪戦苦闘しているのを見て、マサイの若い男性が「俺が手本をみせてやるよ！」と乗り出します。サラダ用の人参を剥いているグループも男性が中心となり、「オランダでは男性も料理をするんだよ。うちは妻と毎日交代でやっている」とオランダ人が、マサイの男性に話しているのが聞こえてきました。

料理は女性がするもの。それも伝統なのかもしれない。でもこうやって、文化と文化が対等に交わり合うところで自然に溶け合って変わっていくことは気持ちがいいことなのかもしれない。

料理係の女性たちは手つきの危ない彼らに苦笑いしながら、経験が必要なところは必ず自分たちが手を加えて料理を仕上げていきます。うまく持ち上げながら、整えるところは整える。そういう面はやはり女性がうまいのです。

今夜はなにか魔法がかけられたかのように人と人との距離がぐっ

と近づくのがわかりました。その経験の仲間に入れてもらえたことは得難い時間で、言葉にはならない納得をまた一つ得られた気がしました。

追伸：心を開かせてくれたオランダ人の彼女に、「あなたが麒麟を見て罪悪感を感じるなんて彼に失礼だ」と諭されました。「彼が好きな麒麟をあなたも好きになれたことのなにが悪いのか」と。いつか一緒に麒麟を見ることができる日まで、わたしはこのことを覚えておこうと思います。

星の上

今日も満天の星空です。

テントに入る前、懐中電灯を消して、わたしたちは夜空をあおぎます。

気づけばカシオペアのWが見慣れた姿と違っていました。
90度ほど傾いているのです。

「南半球だものね」
誰かが言いました。
随分と遠くに来たのだと思いました。
それでいて、すべてひっくり返ってしまったり、星座の形自体が変わったりしていないことに安心している自分もいました。

遠くて近い、同じ星の上なのですね。

会いたいです。

草原からの手紙

この季節、朝の5時半はまだ星空の時間のようです。小さな丘に登って朝日を待つ間、ずっと風の音に耳を澄ませていました。

丘の麓に小さな灯りが見えて、少し目を凝らすとそれはゆっくりと動いている様でした。こんな暗闇でも、今日の営みを始める人々がいるのです。

遠くからささやくようなカウベルの音が聞こえてきます。しばらくすると別の方向から鳥のさえずりが。星の数が徐々に減っていく中で鶏が一羽、また一羽と声をあげます。あたりが明るくなる頃には羊の声が重なり、麓の一本道を彼らが列をつくって歩いて行くのが見えました。人はだれもいないのに、彼らは一列になって歩いて行くのです。

そのあたりには小さな村があるようで、またしばらくすると羊たちが歩いた同じ道を、黒く長いスカートをはいた女性とオートバイに乗った男性が行き交うのが見えます。

その間、ずっと風はごうごうと耳元で一定の伴奏を奏でていました。この乾いた音は他の音たちもはっきりと運んでくるのです。

朝焼けを見ることはできませんでしたが、この風の丘で、きっと毎日奏でられているであろう朝の音楽を聞けたことは特別なことでした。

きっと世界から人がいなくなってしまっても音楽は残るのでしょう。わたしは透明になっていく気がします。

道化師

「新しい一日が始まります。この一日はまだだれも経験したことのない一日です。神様のみが今日という日を知っています。祈りましょう」

耳たぶに大きな穴の空いたマサイの牧師が、一日を始めるわたしたちに祝福を与えてくれます。素敵な祈りだと思いませんか？わたしはようやく彼の言葉を素直に自分の中に沁み込ませられるようになっています。

乾いた道を歩き、少し緑の増えた草原を越えました。雨期には川になるというくぼみの両脇には、幹まで鮮やかな黄緑色をまとった見たことのない木が並んでいます。
その川をずっと遡っていくと滝にたどりつきます。雨期には水が激しく流れ落ちていると思われる崖は、艶やかな岩肌を惜しげもなくさらしています。マサイの若者たちも、一緒に歩くようになった料理係の女性たちも、オランダ人たちもイギリス人のジョンも、歓声を上げて岩を登り、にぎやかな声が谷の中に響いています。

「来年はわたしたちも最初から歩きたいわ！」

料理係だった女性たちが楽しげに提案します。
明日の昼にはエゼキエルの村に着き、午後には帰路につきます。
それぞれが最後の夜を楽しもうとほぼ全員が火を囲んだときに、楽しい奇跡が起きました。
だれもが自分に馴染みのある曲しか歌えずにいたところ、先日の夕食の場面を劇的に変えた女性が「みんなで歌をつくろう！」と提案したのです。英語とスワヒリ語とマサイの言葉が混ざった即興の歌には、全員が参加でき、お腹がよじれるほど笑うことができました。

わたしは彼女が個人的にしてくれた自己紹介のことを思い出していました。
「わたしの役目は道化師なの。オランダの王室にはずっとピエロが仕えていたのよ。まじめに伝えると大問題になりそうな王様への不満などをおかしく表現することで、ピエロは王様と市民をつなぐことができた。その手法は現代でも、かみ合わない人たちをつなぐことを可能にするのよ」

自分の役割と手法を彼女は知っているのでした。

次は、わたしの番です。

象と少年

「実は僕にも書いてみたい物語があるのだけど、相談に乗ってくれないかな？」

マサイの若者たちの中でもリーダー格だったダニエルに声をかけられたのは最終日のことでした。

どんな物語を書きたいのか聞いてみると、象に投げ飛ばされた少年の話だと言います。その少年は父親の牛たちを世話しているときに象と遭遇。彼と一緒にいた犬が象に向かって吠えてしまったため、驚いた象が少年を鼻で払い、彼は宙から地面に叩きつけられたというのです。足の骨は勿論折れていました。

「僕のことなんだ」

いつも先頭を率いて、時間があればマサイのジャンプを披露している彼にそんな過去があったことに驚きました。

「どうやって助かったの？」
「たまたま通りかかった人が2人いたんだ。2人は僕を水のあるところまで運んでくれた。1人は僕の村に走ってくれて、もう1

人は自分の靴に水を汲んで僕に飲ませてくれた。それから村の人たちが来て、助けてくれた」
「その象はどうなったの？」
「村の人たちは怒って象を殺そうとした。でも象は賢いから国立公園に逃げ込んだ。そしたら、象の保護に取り組むNGOの人たちが出てきて、僕に治療を受けさせて高校まで学校に通う費用を出すから象を殺さないでくれって言ったんだ」

彼はナイロビの病院に担ぎ込まれて最新の治療を受け、体が治ったあとは学校に通えるようになりました。そして進路を考える段階になったとき、ふと象のことを思い出したと言います。
「僕の人生は象に与えられたと思ったら、不思議と象とともにある仕事がしたいって思ったんだ」

彼は専門学校に進み、ネイチャーガイドになる訓練を受けました。そして現在は、彼を投げ飛ばした象が生息するアンボセリ国立公園でガイドをしているのだそうです。
「あの象と再会する機会があったんだ。象を保護したNGOの代表が、あるとき僕に『象と和解しないか？』と提案したことがあった。僕は頷いて、彼についていった。その象とゆっくり見つめ合ったとき、向こうも僕のことがわかったような気がした。近づ

いていって触れたら、心がとても穏やかな気持ちになった」

キャンプファイヤーの残り火があたりを弱々しく照らす中、彼の目は優しい光を放っていました。いつか見た象のように。

「幼い頃に象に投げられて、おかげで教育の機会を与えられて、象と関わる仕事に就くことになった。ある意味象にもらった人生だと思っているのだけれど……。僕の物語は本になるかな？」

「誰もが人生で一冊の本を書ける」。ある人の言葉がよみがえります。この旅で出会ったいくつかの物語とともに、彼の物語の第一章を書くことが、わたしの一つの役割になりそうです。

帰る場所

エゼキエルの村に到着しました。

いよいよ最終日、乾いた道を進んで行くと、道の向こう側からマサイの一行がやってきました。それぞれに杖を掲げ、赤い布を巻いたマサイの男性たちが一列に同じステップを踏みながら、こちらに向かって進んできました。

こちらの列と向こうの列が出会い、となり合うように円が描かれます。少しずつ円が重なり、馴染み合いながら、平たい景色の大きな木の下に向かっていきます。すると今度はどこからともなく着飾った女性たちが集まってきました。列をつくって近づいてきた彼女たちとわたしたちが混ざると、あたりはお祭りのようになりました。男性たちの低い声と足音が刻むリズムに、女性たちが首のまわりの豪華な飾りを揺らします。

わたしたちにも首飾りをかけてくれて「やってみなさい」と誘うので真似をしようとするのですが、なかなかうまくいきません。「ほらほら、こうやって！」というように、女性たちがさらに大きく胸を揺らします。まだちゃんとした挨拶も交わしていないのに、わたしたちは目配せをし合って、笑い合って、彼女たちの纏う美

しい布や首飾りの色があちらこちらにダイナミックに揺れる中で、出会えた無言の感動を分かち合っていました。

やがてわたしたちは大きな木の下に座りました。マサイの男性たち、マサイの女性たち、歩いてきたわたしたちとなんとなく分かれながらも、少しずつ混ざっていました。

グループを率いてきたマサイの若者たちが話をし、そして村の長老や大人たちが代わる代わる話をしました。村の紹介、乾燥して水がない話、エゼキエルが旅に出た話、どこにつながるのかわからないけれどみんな話したいことが溢れている様子で、それぞれが長いスピーチをしました。年配の女性が「一つ改善するべきことがあると思っています。男たちは、女性たちにもっと話をさせるべき」と短い話をして、みんながどっと笑いました。

オランダ人や、ジョンも話をしました。ジョンは「100年以上も前に、この土地の人たちがわたしの祖先を受け入れてくれました。本当にありがとう」と言いました。その言葉を語る彼は、誇らしく、そして優しく見えました。

やがてエゼキエルの番になりました。

「この村のおかげで、私には、どんなに遠くに旅をすることになっても帰ってきたいと思う、そして帰ってこられる場所がありました。村の人々が、私がどんなに変わったことをしようとしても信じて見守ってくれたおかげで、今の自分がいます。この村は、私がどこに行こうとも、何を言い出しても、いってらっしゃいと送り出してくれた。いつも見守ってくださった長老の方々、そしてなにより留守を守ってくれていた妻に感謝します。彼女がいつも心配していることを知っています。でも、彼女は送り出してくれるのです。ありがとう」

拍手が起きて、木陰がさわさわ揺れる音と混ざっていきました。饒舌な彼が、心なしか声を詰まらせながら、自分の言葉を噛み締めるように話すのを聞きながら、わたしはあなたのことを考えていました。自分の帰る場所のことを。帰りたいと思い、帰れる場所のことを。それがあなたによってつくられていることを。

深く沁み込んでくる彼の言葉は、わたしの言葉でした。

もうすぐ帰ります。

旅のつづき

ナイロビに戻ってきた翌日の午後、再び彼らのもとを訪ねました。

午前中、エゼキエルとジョンの物語を書きたいとナイロビの新聞社を訪ねると、編集長はすぐに乗り気になってくれました。

「滝を見てきたよ」
エゼキエルとジョンは、満足げにコーヒーを飲んでいます。ジョンは興奮気味にカメラの再生画面を切り替えています。小さな画面のなかにはトムソン・フォールズの写真が、いくつもの角度から撮られていました。私たちが歩いた今回のルートからは外れていましたが、彼の先祖にちなんで名付けられた滝です。ジョセフ・トムソンは、わたしたちが歩いた距離よりもはるかに長い距離を旅していたのでした。

「一緒に撮った写真はないの？」
「お互いしかいなかったからね」

2人は滝に行くにあたって、だれのことも誘っていませんでした。

「わたし、ジョンの動機はわかるの。でもエゼキエル、あなたの動機がどうしても腑に落ちない。あなたは今回、40年越しの夢が叶ったという。でも外国人の探検家があなたの村を歩いたことを歴史の授業で学んだからといって、なぜあなたがマサイの道を歩きたいとこんなにも長い間思っていたの……？」

エゼキエルは今までの説明を繰り返してくれます。ジョセフ・トムソンが自分の村に来たから、マサイの文化に価値があることを世界中に知ってほしいから……。おそらく彼らがこれからテレビに出るとき(ジョセフ・トムソンの子孫がケニアに来ていることはニュースになるということで、彼らのところにはすでにテレビ局からも取材の依頼がきているそうです)、そしてわたしが記事を書くときも、それは素晴らしい引用になるはずでした。でも針に糸が通らないときのように、何かがピンときていませんでした。知りたかったのはそういうことではなかったのです。

「あなたのこどもの頃の、もっと個人的な動機を教えてほしい」

エゼキエルは、難しいという顔をしてしばらく考えていましたが、やがて、静かな声で言いました。

「それは僕も冒険に憧れたからだと思う。かなうならジョセフ・トムソンのように知らない土地のことを知ってみたいと思った。マサイに生まれた僕には、彼のように遠くまで行くお金はなかったし、何度も言っているように僕は僕の村が好きで、あの村で生きていきたいと思っている。でも心のどこかで、一人の人間が冒険に出ているときどんな気持ちで歩くのかを知りたいと思っていた。彼がイギリス人だったことはあまり関係ないんだよ」

ふと、これまで惹かれながらも、うまく捉えることのできなかったエゼキエルとつながった気がしました。

毎晩、自分が愛する場所で眠りたいという気持ちと、知らない世界を知りたい好奇心は、一人の人間の中に共存しうる。エゼキエルは自分の暮らす土地を、冒険家の気持ちで歩いた。その土地のことをまったく知らなかった人たちをこんなにも集めて。人の心を端と端で引っぱり合っているふたつの力をぎゅっと引き合わせて、一つの道にすることができた。

彼がしたことは、きっとわたしがこれからまだまだ時間をかけて自分の形を探していくことなのです。明日、飛行機に乗って、日本に帰ったあともずっと。

わたしは、エゼキエルが大きな木の下で村の人たちに話していた続きを思い出していました。
「どうか、この日のことを覚えていてほしいのです。ここのつながりを、次の世代につなげていきます。今度は若い人たちが外に出ていって、そして戻ってきてくれたらいいと思っています。私たちがいなくなっても、この土地が前に進み、守られるようにしたいのです」

きっと彼が蒔いた冒険の種が、だれかの心の中で芽吹く。130年後、あるいはもっと近い未来に。

わたしはこの旅で、生きることの先輩に出会っていたのでした。

帰路

空港に向かう車の中で、エゼキエルとジョンから電話がかかってきました。

「今朝のテレビ局の取材、断ったよ」
「え？ なぜ、そんなことしたの？」
「僕らは考えた。下手に他のメディアに出て物語が正しく伝わらないよりも、君の記事が出るのを待とうということでお互い意見が一致した。君は最初から最後までいたのだから。他のメディアがスクープしたからって君の記事が小さくなったら困るからね。あとは託したよ」

電話はあっさりと切れて、わたしはしばらく呆然と窓の外を見ていました。彼らは、まだたいした実績のない駆け出しの物書きに、自分たちの物語を託してくれたのでした。

ナイロビは今日も曇り。預かった物語の重さなのだと思います。

帰りの飛行機の中で、わたしはできるかぎりの力を込めてこの物語を書くでしょう。それはあなたへの、そしてこの旅で出会った人たちへのラブレターなのです。

THE STAR

Friday, June 27, 2014

STARLIFE

IN JOSEPH THOMSON'S FOOTSTEPS

BY AKIKO TERAI

What happens when you discover that your ancestor is a great explorer? For John Hastings Thomson, 68, the decision was to follow the footsteps of his great grand uncle Joseph Thompson, who was the first European to cross the Masai Land in Kenya back in the 19th century.

"He is better known in Kenya than in Scotland where he is from," says John, a retired geography and outdoor education teacher, as he smiles when he talks about his ancestor. From reading travel books, he found out that the most common type of gazelle in East Africa is the Thomson's gazelle, and in Kenya there is even a Thomson Falls, both named after Joseph Thomson.

According to family records, Joseph Thomson was born to be an explorer.

He admired explorers like Livingstone, and wanted to go on the expedition lead by Stanley when he was only 11years old. (Of course his mother had to talk him out.) At 21, he was given an opportunity to join in the expedition from Dar es Salaam to Lake Nyasa. In 1883 Royal geographical society appointed him to lead a route from the coast of East Africa to northern shores of Lake Victoria, the area ruled by the Masai and left undiscovered by the British.

Establishing the right relationship, Joseph Thomson came out of the trip without causing a single death from his caravan or the Masai residence. In 1887, he published a book called *Through Masa*

Land which contained rich observation of the land and Masai culture.

Since the time of Joseph Thomson, the Thomson family developed a strong connection with the region. John's grandfather was a district commissioner in the northern Kenya; his father had worked in South Sudan until John was born.

Though John only was in the continent when he was a baby, he always dreamed of coming back.

"I was 12 years old when the family celebrated the 100 year anniversary of Joseph Thomson, and since then, I have been wanting to come see where he has travelled with my own eyes."

Though they've never met, John feels strong connection to his ancestor. They share the curiosity to see the world and the love for outdoors.

John was not alone in his dreams. On the other side of the hemisphere, Ezekiel Ole Katato (49), a Masai elder had been longing to walk the same path for 40 years. Being one of the first children to be taken to school from his village, he learnt about Joseph Thomson in a primary school history class.

"In the text book the names of so many European explores were listed, but I was inspired by Joseph Thomson because he crossed the Masai Land."

At that time it was only a dream. The Masai boy was so attached to his heritage that he decided not to proceed to university. He instead went to college to study livestock management and

STARLIFE

came back to the village to take care of his cattle while working on different community development projects. In some years, he established his own non-profit organisation called "Across Masai Land Initiative" to work on locally led education and conservation initiatives.

In 2012 Ezekiel got a copy of the "Through Masai Land." There he discovered the details of Joseph Thomson's travel, and found out the caravan passed through the exact village where he currently lives. Ezekiel was inspired to plan and explore the route according to the locations appearing in the book. Around the same time, he started getting invitations to international conferences for his initiatives, and even got into an airplane for the first time in his life. In every opportunity he got, he presented his dream to host a walk to follow Joseph Thomson's footsteps to promote the Masai Culture.

His new international friends showed interest, and some helped him find decedents of Thomson's family.

And here they are. 130 years after Joseph Thomson, one Masai and one Scottish embarked on a journey to follow his footsteps together. 30 Masai people and 30 Europeans from Holland accompanied the two in the "Walk Across Masai Land" to cover a distance of 120km in six days.

On the morning of May 31, Florence Mutua, the Trade Minister of Kajiado County, flagged off the group from the Amboseli gate. She thanked the European group for coming despite the warnings

announced by their governments about the security situation in Kenya. Trusting in Ezekiel, no participants canceled the trip.

For John, it wasn't even a question. "I am 68 years old, I couldn't wait any longer." With a big blue backpack, the oldest man in the group kept waking in the front of the group. The journey proceeded west under a strong sun that left little shadow.

On the third day the group reached an open campsite. John stood there in surprise. There was a sign, which read: Showing the relation with the incredible 19c explore to cross Masai Territory and come out alive, Joseph Thomson." After taking numerous pictures of it, John hugged Ezekiel in silence for a long time. Then I heard a quiet "thank you" exchanged from both sides.

The members of the group got closer to each other day by day. Personal conversations sparked as they walked in small groups.

It didn't resemble the normal safari tours, where Kenyans served Europeans; they cooked together, put up tents together, sang together and laughed. Cooking with the Masai's Europeans were inspired that each meal could be prepared with such care and love.

After passing five villages, sleeping in four schools and in a campsite, the walk ended in Ezekiel's village, Indulpa, where the community members came to sing and dance to welcome the tired explorers. In the community meeting that followed, the chief, the elders, the women, and youth shared the challenges of their life and love for their land.

STARLIFE

The Europeans shared the inspiration they had received from the six days experience.

Ezekiel hopes to continue the walk for the years to come, addressing issues on poverty, environmental conservation and preserving culture. He wants his community as well as the youth from the neighboring village to be more involved in the planning process. "I want to empower my people, so that even when I am gone, somebody can be in my place to continue."

He hopes that for his next journey abroad, he will take one Masai boy and one Masai girl along.

John pats his head and says, "a man with white hair like this, shouldn't make promises of coming back."

But he is eager to convince the other family members to come visit. He also plans to start a photo exchange program between a school he visited on this journey and a school in Penpont where Joseph Thomson is from.

"Who knows how this would develop. One should always start small."

More than a century ago, a young explorer followed his dream to an unknown land and received a welcome by the Masai. His motto was "He who goes gently, goes safely; he who goes safely, goes far." His travels did go far beyond his time and now the relationship is resumed. The new chapter has just began.

THE STAR ★ Friday, June 27, 2014

1. Thomson Falls.
2. Ezekiel ole Katato and John in front of the sign referring to Joseph Thomson.
3. John Thomson thanks the community for welcoming his ancestor and himself.
4. John Thomson brought the watch Joseph Thomson carried on his expeditions.
5. University students from Nairobi also joined in the walk.
6. By the time the walk ended new friends were made.

STARLIFE

THE THOMSON LEGACY LIVES ON

BY AKIKO TERAI

DO you know Joseph Thomson? Have you seen Thomson's gazelle run across the savanna? Or have you visited the scenic Thomson's Fall by Nyahururu? They are named after him.

Born in 1858, Joseph Thomson was a Scottish geologist, naturalist, writer and explorer to Africa. His first contact to the region was when he joined an expedition from Dar es Salaam to Lake Nyasa. At the age of 21, he led a distance over 3000 miles in 14 months, after the expedition leader Alexander Keith Johnston died of Malaria just two weeks into the trip. In 1883 he was appointed by the Royal Geographical Society to lead a route from Mombasa to northern shores of Lake Victoria.

His mission was to discover whether a practicable direct route for European travellers exists through the Masai country from the East African ports to Victoria Nyanza, and to examine Mount Kenya to construct a map. He was also requested to make observations regarding meteorology, geology, natural history and ethnology of the regions. At the time, the Masai land was a closed country; no Europeans had come out there alive.

When Joseph Thomson reached the slopes of Mount Kilimanjaro, he was first denied entry by the local Masai. He went back to Mombasa to re-strategise, and asked Masai rulers Olanana and Sendu for permission to cross their land.

The leaders gave him not only the go but also some guards who would guide him on his journey. He became the first European to cross the Masai Country, the area known as Kajiado County today. A legend remained that he would remove his false teeth and claim to be a magician to surprise the Masai warriors.

After returning from the 15 month trip, he published *Through Masai Land* (1885) recording his experience and observations of the trip.

The book has been named one of the best African travel literature of the time. His travels covered Mozambique, Tanzania, Zambia, Malawi, the Congo (Kinshasa), Kenya, Nigeria, and Morocco. His other books include To the *Central African Lakes and Back* (1881), *Travels in the Atlas and Southern Morocco* (1889), *Mungo Park and the Niger* (1890). He also wrote a novel *Ulu: an African Romance*, about a Masai girl as the main character, but it failed to sell.

While other European explorers came to Africa with missionary agendas or tried to violently open their way, his motto of travelling was to be friendly and polite.

He was once quoted in the British newspaper:

"...my fondest boast is, not that I have travelled over hundreds of miles hitherto untrodden by the foot of a white man, but that I have been able to do so as a Christian and a Scotchman, carrying everywhere goodwill and friendship, finding that a gentle word was more potent than gunpowder, and that it was not necessary, even in Central Africa, to sacrifice the lives of men in order to throw light upon its dark corners."

'Dumfries & Galloway Standard' 15 Sep 1880.

He died in 1895. His birthplace in Penpont was just renovated to be a small museum showing the records of his expeditions.

足跡をたどって
英文記事の和訳

自分の先祖が偉大な探検家だと知ったら、どうするだろう。68歳のジョン・ヘイスティング・トムソンの出した結論はその先祖の足跡をたどってみることだった。彼の曾祖父、ジョセフ・トムソンは19世紀にヨーロッパ人として初めてマサイランドの横断に成功した探検家だった。

「曾祖父は、出身地のスコットランドよりもケニアでの方が有名だったみたいです」。曾祖父について語るとき、普段は気難しそうなジョンの表情は柔らかく楽しげになる。数年前に定年を迎えた彼はそれまでイギリスで地理とアウトドアの教師をしていた。アフリカについて書かれた旅行記などから、彼は、東アフリカのサバンナに生息するガゼルはトムソンガゼルと名付けられていること、またケニアにはトムソン・フォールズと名付けられた滝があることを学んだ。どちらも曾祖父の名前を冠したものだ。

一家の記録によればジョセフ・トムソンは探検家になるべくして生まれた。アフリカ探検の先駆者であるデイヴィッド・リヴィングストンに憧れ、11歳の時には、アフリカ大陸で行方不明になったリヴィングストン捜索を命じられたヘンリー・モートン・スタンリーの旅についていくと言いだして家族を驚かせた（もちろん母親によって止められた）。

21歳の時に、ジョセフ・トムソンはタンザニアのダルエスサラームからニャサ湖までの探検に従事するチャンスを得る。1883年（トムソン25歳の時）、王立地理学会は彼を東アフリカの海岸部から内地のビクトリア湖まで横断する探検隊の隊長に任命した。マサイ族が治めていたその土地は、イギリスにとって未開の土地だった。

ジョセフ・トムソンはマサイの人々と誠実な関係を築き、地元のマサイの人々にも彼のキャラバンのメンバーにも、衝突による犠牲者を一人も出すことなくマサイの土地を横断し、生還した。1887年、彼は *Through Masai Land* という本を出版した。本にはマサイの文化を観察した豊かな記録が綴られている。

ジョセフ・トムソンの時代からトムソン一家はアフリカとの縁を深める。ジョンの祖父はケニアの北部の州で知事 (district commissioner) を務めたことがあり、ジョンの父親はジョンが生まれるまで南スーダンで働いていた。

ジョンが大陸にいたのは赤ん坊の時だけだったが、彼はいつかまた大陸を訪ねたいと思っていた。「ジョセフ・トムソンの生誕100年を家族で祝ったとき、私は12歳でした。以来ずっと曾祖父の旅した光景を自分の目で見てみたいと夢見ていたのです」。直接会ったことはもちろんないが、ジョンは曾祖父に強いつながりを感じていた。彼らはどちらも世界を知りたいという好奇心を持ち、アウトドアを愛していた。

ジョンの夢は一人の夢ではなかった。赤道を挟んだ反対側のケニアでは、マサイの年寄りエゼキエル・オレ・カタトがジョセフ・トムソンの歩いた道を歩くことを長いこと夢見ていた。エゼキエルは49歳、彼は出身の村から学校に通うことになった最初のこどもたちの一人だった。ジョセフ・トムソンを知ったのは小学校の歴史の授業でのことだった。

「歴史の教科書には他にも英国の探検家たちの名前が羅列されていたけれど、私はジョセフ・トムソンに特別に惹かれた。それは彼がマサイの土地を横断した最初の探検家だったからだ」

その時のエゼキエルにとって冒険は夢でしかなかった。マサイの伝統を愛していた彼は、大学に進むことよりも専門学校で畜産について学ぶことを選び、村に帰ってきた。国際NGOに雇われ、村の開発プロジェクトに携

わりながら自分の家で家畜を育てた。そうして月日が流れ、彼は地元に根ざした形で教育や環境保護の活動に本格的に取り組むために"Across Masai Land"という非営利団体を立ち上げた。

エゼキエルが *Through Masai Land* のコピーを手にしたのは2012年のことだ。そこで彼はジョセフ・トムソンの旅の詳細を知ることになる。マサイの土地を横断したジョセフ・トムソンは、実際にエゼキエルの村にも立ち寄っていた。エゼキエルは探検記に書かれた描写からジョセフ・トムソンのたどったルートを割り出して、歩く計画に取りかかった。時期を同じくして、彼は自身のNGOの活動で海外のワークショップなどに呼ばれるようになった。人生で初めて飛行機に乗り、手に入れたすべての機会で「マサイの文化を伝えるためにジョセフ・トムソンの歩いた道を歩きたい」という自分の夢を話すようになった。

海外で出会った新しい友人たちは彼の夢に興味を示し、その中の何人かがジョセフ・トムソンの子孫を探し出してくれた。

そしてジョセフ・トムソンの探検から130年。一人のマサイの男と、一人のスコットランド人の男が彼の足跡をたどって旅をする。エゼキエルが企画した"Walk Across Masai Land"には彼自身とジョンの他に、30人ほどのマサイと、30人ほどのオランダ人が参加した。

5月31日の朝、一行はカジアド地区の観光局長に見送られた。局長はケニアの安全レベルが懸念される中で旅を取りやめずにヨーロッパから来た人々に感謝の意を示し、出発の旗を振った。「安全だ」と主張するエゼキエルを信頼し、キャンセルした人は一人もいなかった。

ジョン・トムソンに迷いはなかった。「私は68歳です。この機会を逃してこれ以上待つことはできませんでした」青いザックを担いだ今回のグループ最年長の彼は、つねに先頭を颯爽と歩く。旅路は西へと続いていく。木陰は少なく日差しは強い。

3日目、グループは開けたキャンプサイトにたどり着き、ジョンは驚きのあまり言葉を失って立ち止まった。そこには「19世紀の素晴らしい探検家、ジョセフ・トムソンに敬意を表して」と書かれた看板が立てられていた。カメラのシャッターを何度も切ったあと、エゼキエルとジョンは静かに長い抱擁を交わした。そして、私は彼らがお互いにそっと「ありがとう」と伝え合う声を聞いた。

参加グループのメンバーたちの距離は日に日に近づいていった。歩くペースが近い人たちの小さなかたまりができ、会話が弾んだ。その様子はケニア人がヨーロッパ人にサービスを提供するいわゆるサファリツアーとは違っていた。彼らはともに料理をし、皿を洗い、テントを張り、そして一緒に笑った。一緒に料理をしたことで、一つひとつの食事に驚くほどの手間と心が込められていることを学んだ、とヨーロッパからの参加者の一人は話した。

5つの村を通過し、4つの学校の校庭で夜を明かしたのち、一行はエゼキエルの村インドゥルパに到着。村の人々は疲れた旅人たちを伝統的な歌と踊りで歓迎した。その後、旅人たちも参加して行われた村の集会では長老や女性のリーダー、そして若者たちが、村が直面している困難と土地への愛を語った。

ヨーロッパからの参加者たちは、6日間の旅でマサイの人々から受けたインスピレーションについて語った。エゼキエルはこのような交流が今後何年にもわたって続けられることで、村が発展し、マサイの大切にしてきた環境や文化が守られていくことへの願いを口にした。

「私はマサイの人々を力づけたい。私がいなくなったあとも、この場所に別の人が立ってこのような交流を続けてほしいと思う」と語るエゼキエルは、次に自分が海外に呼ばれるときは、若いマサイの男性と女性を一人ずつ一緒に連れていきたいと考えている。

ジョンは自分の頭をかきながら言う。「このように白髪の多い人間は、何かを約束するべきではないでしょう」

それでも彼は帰国したら自分の家族にケニアを訪れるように説得しようと考えている。そして今回の旅で訪ねた学校の生徒たちと、ジョセフ・トムソンがスコットランドで住んでいた村の学校の生徒たちとの間で手紙や写真をやり取りするプロジェクトを始めたいと意気込みを語る。「小さくても始めることが大事」と2人は顔を見合わせて笑う。未来への種蒔きが始まっている。

1世紀以上も前、若い冒険家は自分の夢を追って未知の土地に旅に出た。彼のモットーは「穏やかに進む者は安全に進む。安全に進む者は遠くまで行く」というものだったという。彼の旅は遠く時を超え、離れた土地の人々がつながり直した。そして新しい章が始まる。

トムソンの伝説は生き続ける

ジョセフ・トムソンという名前を聞いたことがあるだろうか？もしくはトムソンガゼルがサバンナを走るのをみたことは？あるいはニャフルル州にあるトムソンの滝を訪ねたことは？どちらも彼の名前を冠している。

ジョセフ・トムソンは1858年にスコットランドに生まれた。地質学者、動物・植物学者、自然愛好家、作家、そしてアフリカ探検家でもあった。彼はダルエスサラームからマラウィ湖に向かう探検隊のメンバーとしてアフリカとの最初の接点を持った。そして探検隊のリーダーだったアレクサンダー・ケイス・ジョンソンが出発のわずか2週間後にマラリアによって死亡したことで、当時21歳にして14ヶ月3000マイルに及ぶ探検を率いた。

1883年、トムソンは王立地理学会から指名されて、モンバサ（ケニアの湾岸州）からヴィクトリア湖北部までの探検隊のリーダーになる。彼の使命は、東アフリカ沿岸部の港からヴィクトリア湖までヨーロッパ人が移動できる実質的なルートがあるかを探ること、ケニア山を調査し地図を作ること、そして気象学、地質学、博物学、人類学（民族学）的な観点から土地の観察をしてくることだった。当時このマサイの土地は閉ざされており、ヨーロッパ人が生きて出てきた前例がなかった。

ジョセフ・トムソンがキリマンジャロの麓にさしかかったとき、

地元のマサイは彼が進入することを許可しなかった。トムソンはモンバサまで引き返して作戦を練り直し、マサイを治めていたオラナナとセンドゥ（というふたりの女性）に、マサイランドを横断するための許可を申請した。

トムソンが誠実で丁寧な依頼をしたことで、マサイのリーダーたちは許可を与えただけでなく、彼の隊を守るための警備をも与えた。トムソンはマサイランドを横断した最初のヨーロッパ人となった。この土地は今日ではカジアド地区として知られている。ちなみにトムソンに関しては、マサイの戦士達に出会うと自分の差し歯を抜き「自分は魔法使いだ」と言って相手を驚かせたという伝説がある。

15ヶ月間の旅から戻ったトムソンは自身の経験や観察をまとめた *Through Masai Land* (1885)を出版した。この本は当時、最もすぐれたアフリカの旅行記として有名になった。トムソンはモザンビーク、タンザニア、ザンビア、マラウィ、コンゴ（キンシャサ）、ケニア、ナイジェリア、モロッコを旅し、彼の著書には他に *To the Central African Lakes and back* (1881), *Travels in the Atlas and Southern Morocco* (1889), *Mungo Park and the Niger* (1890) がある。彼は『ULUアフリカのロマンス』というタイトルでマサイの女性を主人公とした小説も書いたがその売上は芳しくなかった。

他のヨーロッパの探検家たちが宣教を目的にアフリカに降り立

ち、暴力的な方法で道を開こうとしたのに対し、トムソンの旅の
モットーは礼儀正しく、かつフレンドリーであることだった。
彼は一度、英国の新聞に対してこう語っている。
「私が最も大切にしている誇りは、白人にとっての未踏の土地を
何百マイルと旅してきたことではなく、その旅を一人のクリス
チャン、そしてスコットランド人として、親善と友愛を持ってで
きたこと。誠実な言葉は、銃よりも強力であること、たとえ中央
アフリカにおいても、闇に包まれた土地に光を充てるために人の
命を犠牲にする必要がないと知ったことある」
(Dumfries & Galloway Standard 1880, 9)
トムソンは1895年に亡くなった。ペンポントにある彼の生家は最
近、小さな博物館として改装され、彼の探検の軌跡を追うこと
ができる。

旅の道のり

	旅の言葉	*4*
	たいしたこと	*8*
	闇に巣食うもの	*16*
1日目	麒麟	*20*
	赤い布と冒険者の子孫	*24*
	手と手、と髪	*38*
2日目	踊ること	*40*
	砂漠の花	*42*
3日目	歩くこと	*48*
	130年前の旅行記	*52*
	白いクマと黒いクマ	*60*

4日目	交差点	*64*
	星の上	*74*
5日目	草原からの手紙	*78*
	道化師	*80*
	象と少年	*82*
6日目	帰る場所	*86*
	旅のつづき	*96*
	帰路	*100*
	In Joseph Thomson's Footsteps	*103*
	足跡をたどって	*112*

寺井 暁子　てらい・あきこ

1982年東京生まれ。16歳の時にユナイテッド・ワールド・カレッジに派遣され、学生時代をアメリカとチリで過ごす。マカレスター大学地理学部卒業。帰国後は、通信会社勤務・ビジネスコンサルタントを経て、フリーで活動を開始。旅のエッセイや現地で暮らす人々のインタビューを雑誌等に執筆している。
好きなこと。あてもなく散歩すること。知らない言葉の音楽を聴くこと。居間のソファーで会話すること。楽器を触ること。焚き火。
著書に「10年後、ともに会いに」(クルミド出版)

草原からの手紙

2016年11月23日　発行

著者	寺井暁子
発行人	影山知明
発行者	クルミド出版
	〒185-0024　東京都国分寺市泉町 3-37-34
	マージュ西国分寺 1F
	電話　042-401-0321
	メール　hon@kurumed.jp
	ウェブ　https://www.kurumed-publishing.jp/
装幀	太田真紀 (Takram)
印刷	藤原印刷
製本	美篶堂

落丁乱丁などの場合はお問合せください。
本の修理、製本し直しのご相談、応じます。

© 2016 Kurumed Publishing
ISBN 978-4-9907583-4-9 C0095

○著者の寺井暁子とは、『10年後、ともに会いに』に続く2回目の作品制作となった。
○本作に収録した手紙は、2014年5月27日から6月5日、著者からパートナーの南原順へと宛てて書いた実際の文章がベースとなっている。「旅の途中での手紙」であるからこその新鮮な驚きや、葛藤、そして親愛なる者への素直な感情などが、飾らない文章を通じて自然と行間に表出していると思う。写真も寺井本人による撮影。
○本作全体を貫く大きなテーマは「ホーム」と「冒険」。帰ることのできる場所があることの安心感の一方、外の世界へと自らを駆り立てていく冒険心。この両者を行き来するのが、古今東西、人が生きるということなのかもしれない。作品中、エゼキエルがそこに空間的な広がりを、ジョンが時間的な広がりをもたらしてくれている。
○ブックデザインに際しては、あらゆることを「手紙」であることを規準として考えた。ヨコ書き、フォント(UD明朝)、全ページ右下につくノンブル、便箋のような本文用紙(OKアドニスラフ80)、表紙の切手、消印、封筒のような印象につながるフランス装。
○行空けをどう考えるか、段落の冒頭で字下げするかなど、日本語ヨコ書きの表記ルールに関してチームでかなり議論となったが、最終的にシンプルなルールに立ち返った。
○ブックデザイン、表紙の切手の絵柄も太田真紀(Takram)。
○旅行中、書くとしても手紙は一日一通。ただし写真を同封することはあるだろうと考え、長めの文章と、写真+短めの文章(写真のキャプション)とが連なる構成を考えた。手紙は縦長を求め、写真は横長を求めた結果、正方形に近い判型となった。
○しおり紐には、ケニア産の革紐を用いた。その探索には、安村侑希子(英治出版)の協力を得、アフリカンスクエアーでまさに理想的なそれと出会うことができた。ページ下にちょろっとのぞくそれは、動物の尻尾をも思わせるかもしれない。
○表紙の色は、夕暮れの空気の色。一日の旅程を終え、その道中を振り返りながら遠く異国の地にある愛する者を想うひと時。手紙を書くまさにその時間帯の空気感や書き手の心境に、この表紙が読み手を連れて行ってくれるのではないかと思う。
○巻末の見返しに、残像のような麒麟とカシオペア座とをあしらった。この手紙の受け取り手も、いつかこの草原の景色を体感する日が来るだろうか。
○印刷は「心刷」の藤原印刷。造本の方法から親身に相談に乗ってくれた。
○製本は美篶堂。表紙をつけるのも、切手を貼るのも手。いつも変わらぬ本づくりの最終ランナーとして、一冊一冊、その手で本にいのちを吹き込んでくれている。
○クルミド出版からは、小島理絵、三好晶子がチームに加わってくれた。

(発行人)

クルミド出版は、土でありたいと思いました。
土は動きません。ずうっとそこにあり続け、水や光の恵みを得て、生命を育む本(もと)になります。
土は種を受け止めます。根に抱きしめられ、抱きしめ返し、種がやがて、その種にしか出せない小さな芽を出す、その時を待ちます。

至哉坤元　万物資生
至れる哉(かな)坤元(こんげん)万物資(と)りて生ず
大地の徳とは、なんと素晴らしいものであろうか。
万物はすべてここから生じる。

中国の古典『易経』の一節。
クルミド出版は、土でありたいと思います。

クルミド出版の本

「10年後、ともに会いに」

寺井暁子 著

それは17歳の自分との約束。
「いつか、友を訪ねに世界を旅する」
27歳。
思春期を一緒に過ごした仲間たちは今、
世界のどこかで、
揺れながら生きているのだろうか。
旅はヨーロッパ、北米を経て
イスラエル・パレスチナへ。
そしてエジプトで革命に出会う。
「迷ったときはどうやって決めるの？」
「それは教えないよ。だって君は答えを
知っている」
トンネルの向こうに見えたものは、なに？

408ページ
2,500円+税
デザイン・装丁：畑文恵
地図：中村雄吾
本文印刷：中央精版印刷
表紙・製本：美篶堂

クルミドコーヒー店頭、ウェブサイト、協力各店にて販売中。
https://www.kurumed-publishing.jp/

クルミド出版の本

「やがて森になる」
小谷ふみ 著

あなたの中に「あなた」はいますか?
日々の涙やおかしみを、エッセイのような詩に託して

作品集「月の光」
ヴェルレーヌ、ドビュッシー、小谷ふみ 著

140年の時を経て、2つの景色が結ばれる
嘉瑞工房の手による活版印刷の箱舟に乗せて

「りんどう珈琲」
古川誠 著

それでも、世界は美しいということを教えてくれたのは
いつもマスターだった

「こどもの時間 -Childhood-」
エミリー R. グロッショルツ 著　早川敦子 訳

誰もがかつてはこどもだった ──
世界とはじめて出会う　驚きと輝きに満ちたその時間